ショーペンハウエル

女について

石井立　訳・東海林ユキエ　画

はじめに

私は哲学にもうといです。

ですから、ショーペンハウェルの『女について』という本を出したいのだけど、やってみない？　と言われたときには、…「えーっと…？　それはどういった…？」と言う感じでした。

「まあ、一度読んでみて」

と言われ、読んでみて仰天しました。「すごいな」と。

確かにずいぶんな内容だと思います。でもこれはもう古典ですから、時をさかのぼってご本人に異議の申し立ては不可能。だからそれを一度脇に置いて、角度を変えて読んでみたら、こんな初々しい文章、昨今なかなか出会えない、と思いました。

読んでみてくだされぱそう思う方は老若男女いらっしゃるのではないかと思います。正しいか正しくないか？　ではなく情熱的で荒々しく純情が筆先から滴り落ちるようで、生で食べたら腹にあたりそうですが、上手く料理したら、思いがけない滋養になりそうです。

それならばどうにか料理してみたくなります。どんなに正しくて、けしてだれも傷つけないように殺菌消毒して書かれていても消えていってしまう表現はいくらもありますが、この『女について』はそうではなかった。

それが、どうしてなのか、と言うことを、絵を描き終わった今も考えてしまいます。読みながら途中で「イラッ」とした貴女には息抜きの4コマなどを入れました。もし宜しければそこで休憩なさってください。

「こわ！　読んだだけでセクハラと言われる⁉︎」とお思いになるやさしい殿方もご安心ください。まさか読んだくらいじゃセクハラにならないと思います。これは古典の哲学書ですから治外法権だし、そんなこと言ったら『源氏物語』もいけなくなります。お読みになったら、ひょっとしたらスカッとするかもしれません。もっと他に様々な感想をお持ちになるかもしれません。そうしたらそのあと、なぜそう思ったのか？　とお考えになってくだされば嬉しいです。

いちばん悲しいのはさっさと結論付けて済まされてしまうこと。

「なぜだろう？」と考えることは最大の誠意です。放棄せず、簡単に結論付けず、おおり想像してみる。それ以外に誰でも自身以外の事象について向き合うすべは無いように思います。
それを避けて「なにやら謝罪風のかたちして済ます」よりはずっといい。言葉だけが独り歩きしがちな「ハラスメント」ですが、もともとは誰にでも宿りかねない古い業です。根源はその想像の放棄にあるのではないでしょうか。

料理人としての腕に自信はないのですが、絵をふんだんに入れさせていただいて本当に楽しくやりがいがありました。このような機会を下さった明月堂書店の編集者の方、快く対談にお付き合いくださった横山さんにお礼申し上げます。

ショーペンハウェル先生、文章もコクがすごいけどお顔もすごいです。

東海林　ユキエ

著者紹介
アルトゥル・ショーペンハウエル
(Arthur Schopenhauer)。
1788年~1860年。ドイツの哲学者。一般には厭世思想の持ち主として知られている。特に一九世紀末にドイツで持てはやされ、非合理主義の源流とも言われている。詳しくは本著解説参照。主著は『意志と表象としての世界』
(Die Welt als Wille und Vorstellung 1819年)。

目次

カバー画、挿画　東海林ユキエ

女について

シルレル（シラー　Schiller）が推敲をこらしてつくりあげた詩『奥様がたの品位』は、巧みに用いられた対句と対照との妙によって、よく人の心を動かすが、それよりも、さらに優れて、短かい言葉のうちに、女性に対する真の讃美をいいあらわしているのは、ジューイ[※註1]の句

「おんながいなかったら、われわれ男の生活は、はじめには援助《たすけ》から、なかばには悦楽《よろこび》から、おわりには慰めから、引き離されてしまうであろう。」

である、とわたしはかんがえる。同様のことを、バイロンは、より感傷的に、戯曲『サルダナパアル』第一幕第二場で述べている。

※註1　ジューイ　Jouy（1764―1864）フランスの文学者。詩人。

ひとの生《いのち》は　その芽生え
女の胸の乳房から湧いて溢れてきたものを……
おまえの稚《おさ》ないかたことは、女の口《くち》から教えられ
おまえが初めて流す涙は　女に優しくなだめられ
おまえの最後の吐息でさえ、女ひとりに吐かれることがしばしばです
かつて自分を導いた人の臨終《いまわ》を看護《みと》るいやしいつとめを
男がためらつて　なさぬときには……

これらの詩句は、いずれも、女性の価値に対する正しい観点を、はっきりと示している。

※

女の姿態を一瞥すれば、すぐさま、わかることだが、女は、精神的にも肉体的にも、大きな仕事をするのには、生れつき、ふさわしくないのである。

女は、人生の責任、いわば、負債を、行為によって償うのではなく、受苦によって、つまり、分娩の苦しみとか、子供の世話とか、良人に対する服従――良人に対して、妻は、常に、辛抱づよい快活な伴侶でなければならない――などによって、償うのである。

極度に激しい苦悩とか歓喜とか力わざなどは、女性には向いていない。

むしろ、その生活は、男性のそれよりも、静かで、目立たず、

平穏に過されなければならない。とはいえ、本質的に、より幸福だとか、また、より不幸だとか、いうわけではないのである。

※

わたしたちがごく幼ない時分、わたしたちを育て、ものを教えこむのに、女が全く適役であるのは、女というものが、みずからも、子供っぽく愚かしくて、その上、身近の物ごとだけを見ている、いわば、一生、大きな子供であり、要するに、子供と、真の人間である成年男子とのちょうど中間に位する段階に属するからである。

まあ、一日中、子供と一緒になって遊んだり踊ったり歌ったりしている少女の様子をよく観《み》てごらんなさい。

そして、考えても見たまえ、一人前のれっきとした男が、その少女の代役をつとめることになったとしたら、どんなに好意を以て努力してみたところで、はたして、なにが出来ることかを。

※

自然は、少女に対して、たとえてみれば、芝居でいう場あたりを覘《うかが》う考えで、何年かの間に限り、爾除《じょ》の全歳月を犠牲にして、あふれんばかりの美と魅力と豊満さとを与え、特に、この何年かの間に、或る男の空想をしっかりと捉えて、その女の一生の世話を、或る何らかの形で、誠実に引受けるほど、夢中にさせるようにしむける。

けだし、男性を動かして、このような段階にまで立入らせるためには、単なる理性的熟慮だけでは、どうも充分に確実な保証となり得ないように思われるからであろう。

このように、自然は、女性に、ちょうど他のすべての彼の創造物に対して与えるのと同じく、その生存を確実ならしめるのに必要な武器と道具とを、それが必要とされる期間だけ、与えておくのだが、この場合にも、実に、自然は、みずからの常套手段たるつましいやりかたに従って、事柄を処理するのである。

すなわち、雌の蟻が、交接の後には、もはや余計なもの・というよりも・産卵経過にとっては危険なものですらある翅を失うごとく、婦人たちもまた、たいてい一—二回、産褥に就いた後には、その美しさを喪失するが、おそらく、両者は同一の根拠にもとづくものであろう。

だからこそ、若い娘たちは、自分たちの家事向きや職業上の仕事などを、心のなかでは、余計なことと思ったり、ひどいのになると、単なる戯れごとくらいにしか考えておらず、専心に、まじめに打ちこむ勤めとしては、恋・男子の愛情をかち得ること・及びこれに、関連する・例えば化粧・ダンスなどがあるばかりなのだ。

※

およそ、或る物ごとは、それが高尚・完全なものであればあるほど、より遅く・より緩漫に成熟に達するのである。

男性にあっては、その理性と精神力とが、二十八歳以前に成熟の域にいたることは、ほとんど見られないのに、女性は早くも十八歳で成熟してしまう。

とはいえ、女性の理性がすこぶる狭隘《きょうあい》なることを免れないのも、そのせいである。

従って、すべての女性は、一生涯子供の状態に止っており、見る

ところは常にただ最も手近なものに限られ、とかく現在に執着して事物の外観を問題にしたり、極めて重要な事件よりもむしろ些細なことを好んだりするのだ。

理性とは、すなわち、これあるがために、人間が、動物のごとく単に現在にのみ生きることなく、過去と未来とを要望し熟慮するようになり、それによって、やがては、人間の先見・心配・またしばしば煩悶をさえ生ずる・そういうものなのである。

これらのことがもたらす利益と不利とに、女性のあずかる程度は、その理性がより薄弱である結果として、男性に比べるとはるかに少なく、むしろ、女性は精神的近視である。

すなわち、その直覚的悟性は近いところを鋭く見るけれども、その視野は狭く、そのなかには遠距離のものがはいってこない。

従って、過去や未来の事柄と、すべて眼の前に存在しない物事との作用は、女性に対し男性に対するよりも著るしく弱く、こんなことから、たしかに、女性において一層しばしば見うけられる――そのうえ、往々にして狂気に近い――濫費癖《らんぴぐせ》が起ってくるのだ。

女たちは、心のなかで、金儲けは男たちの職分であり、自分たちの役目は、それを費《つか》うこと、出来ることなら亭主の存命中に、また、止むを得なければ夫の死後に、なるべく早く蕩尽《とうじん》しなければならぬものと考えている。

亭主が稼いだ金を家計のために女房に手渡すことが、既に、女たちのかような信念を強めさせるのだ。――これら総べてのことは、なるほど、それだけでも、極めて多くの不利益をもたらすけれども、一方、良いところもある。

由来《ゆらい》、女性は男性に比し、より多く現在に没頭するから、しのび得るかぎり、より楽しく現在を味わう、これが女性に特有の快活さを持たせる基となる。

実に、この快活さこそ、妻が、心労せる夫に休息を与え、必要ある場合には、これを慰藉《いしゃ》するために適している所以《ゆえん》である。

古代ゲルマン人たちの風習にならい、むずかしい事件にあたって、婦人にも相談するということは、いちがいに斥けるべきではない。

というのは、婦人の物ごとを把握する方法が、男子のそれとは全く異なっており、ことに、女たちは目標への最も短かい経路を好み、一般に、最も身近にあるものを眼中に置くので、男子が、とかく、そのようなものを、かえって、それが自分の鼻先にあるために見のがしてしまうといったような場合に、やはり、手近かで簡単な見かたを得るためには、婦人と相談することが役に立つからである。

そのうえ、女たちは、断然、男子よりも冷静であり、従って、事物についても、現実に存在する以上に、あまり多くを見ないという長所を有《も》つ。

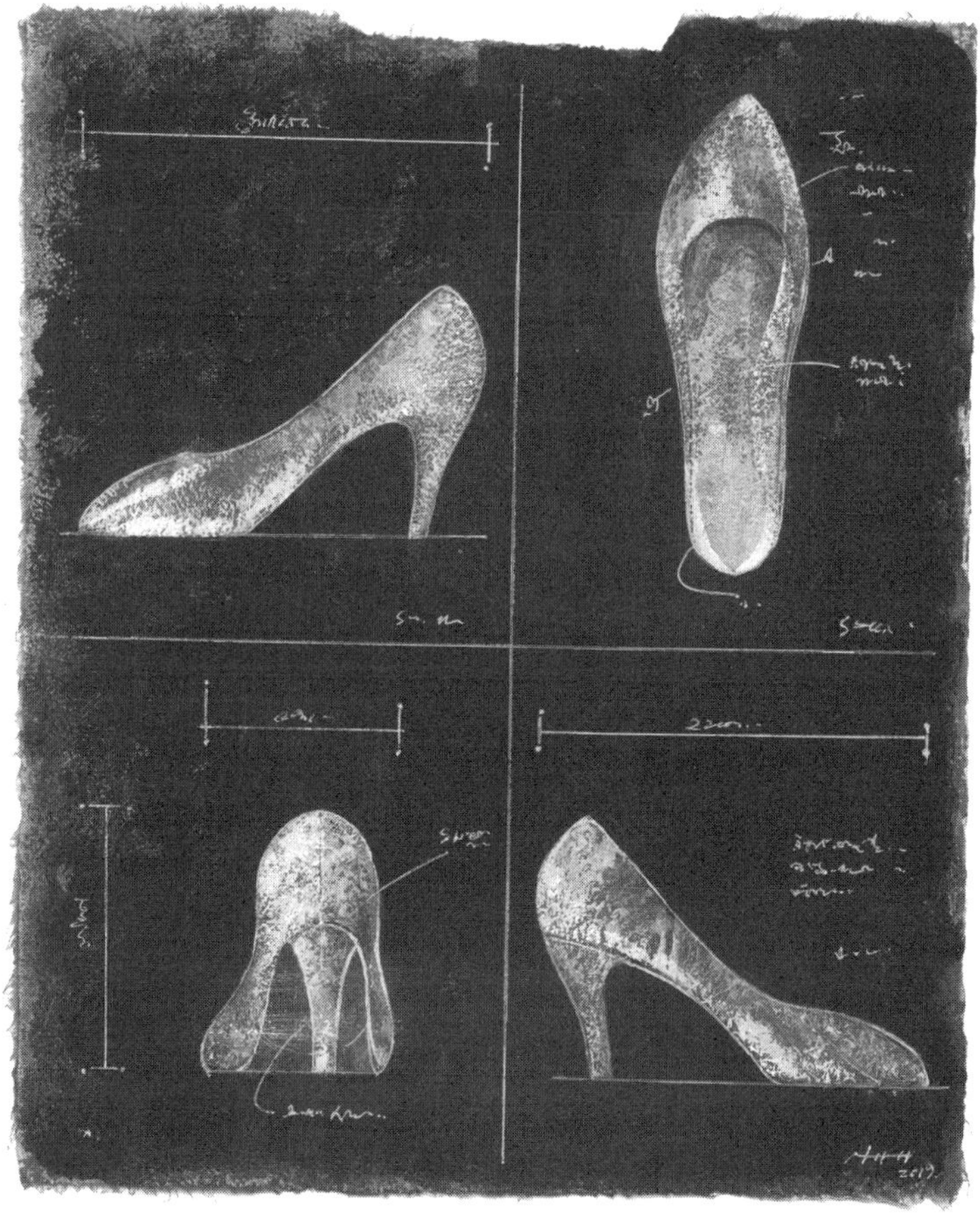

ところが、男たちは、みずから激情に駆られると、ややもすれば、存在するものを拡大して見たり、さらに、想像的なものをつけ加えたりしがちになるのだ。

不幸な人を見た場合、女性は、男性にくらべて、より多くの関心をもち、より多くの同情と人間愛とを示すけれども、反対に、正義とか忠実とか確守とかいう点では、男性に劣るということも、同一の源泉から演繹すべき事柄である。

つまり、女たちの理性が薄弱である結果として、現実のもの・直観的なもの・直接に実在するものなどは、女たちのうえに一種の強い力をおし及ぼすけれども、その反対の、抽象的な思想とか、一定の格率とか、堅く決心したこととか乃至《ないし》は、一般に過去や未来・不在の人や遠方の人に対する顧慮などの働きは、おおむね、微々たるものに過ぎないからである。

すなわち、女性は徳にいたる第一次的な且《か》つ主要なものを有ってはいるが、これを展開させるのに極めて必要な道具である・第二次的なものを欠いているのだ。

この点で、女性は、肝臓を持ちながら胆嚢《たんのう》を具えていない生物に較べられるであろう。

このことについては、わたしの『道徳の根柢』と題する論文を参照せられよ。

――従って、女性の性格には、根本的欠陥として、「不正」ということが見出される。この欠陥は、先ず、上述したように、理性的な判断や熟慮の乏しさにともなって生ずるのだが、その上に、なお、女性が、より弱いものとして、自然から力のかわりに奸計に頼るように指示されているために、それは、いよいよ大きなものとなるのである。

だから、女性の狡猾さは、本能的といってもよく、その嘘つきの傾向を全然なくしてしまうことは出来ない。

けだし、自然は、獅子には爪と歯とを、象には長い牙を、猪には短かい牙を、牛には角を、烏賊《イカ》には水を濁らす墨汁を与えたように、女性に対しては、自己防衛のために、「いつわる力」を与えて、武装させたのだ。

つまり、自然は、男性に体力ならびに理性として与えた力の総てに匹敵するものを、女性には、このような天賦の形で、授けたものである。

それ故、女性は生れつき佯《いつ》わるものであり、従って、賢女だろうが愚婦であろうが、いつわることにかけては、同じように巧みなのだ。

思うに、女性が、あらゆる機会を捉えて、これを行使するのは、上記の動物が攻撃を受けた場合にすぐさま自分の武器を使用するのと同様に、ごく自然なことであり、しかも、そのとき、女性は、或る程度まで、自分の権利を行使するのだと感じているにちがいない。

というわけで、しんそこから

誠実な・偽りなき女は、おそらく、あり得まい、まさしく、それ故に、女性は、他人のいつわりをやすやすと洞察する。

従って、女に向っては、いつわろうとしない方がよいであろう。——上述の根本的

欠陥と、それにつきまとう欠点とから、さらに、虚偽・不貞・裏切り・忘恩などということが生じてくる。

法廷における偽証を、女は、男よりも遙《はる》かに度重ねて犯している。いったい、婦人の証言を認めるべきかどうかということが、そもそもの問題ではあるまいか。

——何の不自由もない貴婦人が、商店で万引きする実例は、いたるところでしばし

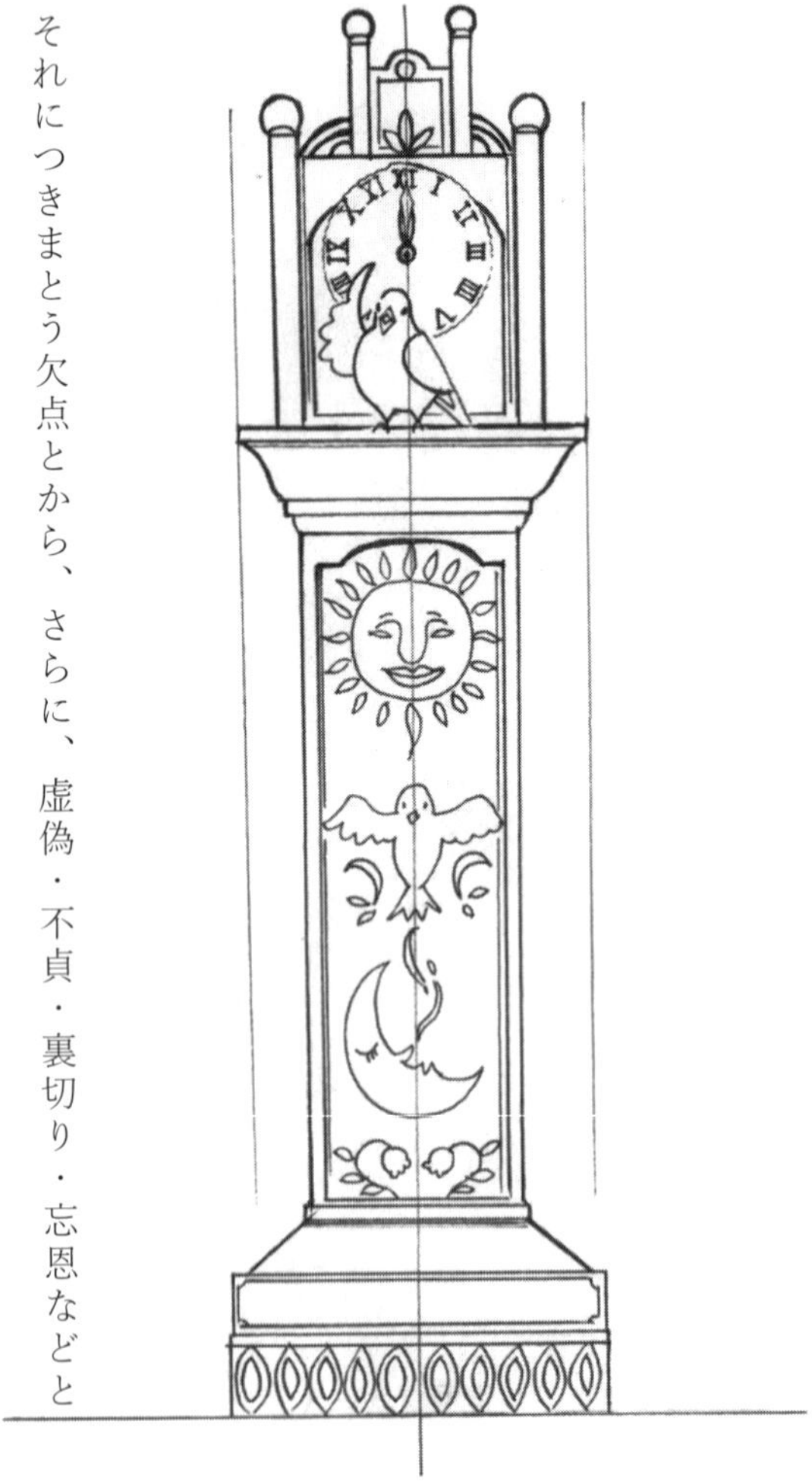

ばくりかえされているのである。

※

若い・強壮な・美しい男性は、人類の繁殖のために力をつくすように、自然から命ぜられているのである。

こうして、種属は退化することを免れる。

これは、自然の牢乎《ろうこ》たる意志であって、この意志の顕現が、すなわち、女性の情熱なのだ。この法則は、古いことでも、その力の強いことでも、他のあらゆる法則を凌駕《りょうが》する。

それ故、みずからの権利と興味とを、この法則に逆らうものに置く人は、必ず、禍《わざわい》を受ける。その人が何をいおうと、また、何をなそうと、彼の権利と興味とは、最初の大切な機縁に際して、たちまち、容赦なく粉砕されるであろう。

何故なら、婦人のひそかないい表わされない・というよりもむしろ・自覚されていない・とはいえ・生れつきの道徳《モラール》は、

「わたしたちは、個体であるわたしたちのためにわずかばかり尽くしてくれることによって、種属に対する権利を獲得したように思いあやまっている人たちを、裏切る権利を有っているのです。種属の組成は、従って、その幸福も、わたしたちから生れる次の世代を媒介として、わたしたちの手の中に置かれてあるのです。わたしたちは、それを、良心的に管理して行きましょう」

ということなのだから。

しかし、女性は、この最高の原則を、決して、抽象的に意識しているのではなく、単に、具体的に意識しているばかりであり、だから、この原則に対して、機会の来たときに、みずから行動を採《と》ることによって発表するほかには、何らの表現手段をも有っていない。

しかも、この行動を採る際に、良心は、女性に対して、たいていの場合、わたし

たちの想像するよりも、遥かに平静であることを許すのだ。
これは、おもうに、女性は、その心の全くうかがい知ることの出来ない奥底において、個体に対する自分の義務を損ないながらも、種属に対する義務がよく果たされていたということ、それに、種属の権利は個体の権利よ

りも無限に大きいことを、自覚しているからである。

――このことについては、わたしの主著『意志と表象としての世界』第二巻第四十四節で、さらに詳しく説明しておいたから、参照されたい。

究極において、女性は、全く、ただ種属の繁殖のために存在するものであり、女性の天分は、このことのうちにあってのみ、展開するのであるから、どっちみち、女性は、個体としてよりも、種属としてより多く生きているのだし、女性の心の中では、種族に関する出来事の方が、個人的な事件よりも、はるかに真面目に考えられる。

これが、女性の存在ならびに行為のすべてに、或る軽薄さと、一般に、男性の方針とは根抵から異なる方針とを与えるのだ。そして、このような軽薄さ、また、方針の違いなどから、結婚生活においてしばしば見うけられる・いやほとんど普通のことになっている不和が発生するのである。

※

男性と男性との間には、おのずから、単に無関心があるに過ぎないけれども、女性と女性との間には、早くも生れながらにして、敵意が存在する。

だから、いわゆる商売敵の憎しみは、男たちでは、それぞれ彼らが所属する同業組合にもとずくものに限られているが、女たちにあっては、その憎しみが全女性を包括している。

これは、女性全体が、ただ一つの職業しか有っていないのによるのだ。女たちは、路《みち》で行きあった場合ですら、互いにわけ隔てをすること、あたかも、※註2グェルフ党とギベリン党との間柄にもひとしい。

なお、初対面の際、二人の女性は互いに、同じ場合に二人の

※註2　グェルフ党とギベリン党
Guelfen und Ghibellinen
中世イタリアにおける二大政党で、前者は法王を、後者は皇帝を擁し、互いに相敵視して各都市を争乱の巷に化した。ダンテは、この政争に巻きこまれてフィレンツェ市を逐《お》われ、苦難にあい悲境に陥りながら、『神曲』を作った。

男性が示すよりも、明らかに、より多くのわざとらしさや、いつわりの嬌飾《きょうしょく》を表わす。だから、二人の女性の間にかわされる御世辞は、男性の間のそれよりも、はるかに滑稽なものとなる。

また、男性は、自分よりずっと目下の者に対してすら、常に、やはり或る程度の遠慮と人情味とをもって話をするけれども、高貴の婦人が、身分の低い（しかし、自分の召使ではない）女と話をするとき、一般に、いかにもいばった、そして、さげすむような態度をとるのは、はたで見ていても我慢がならないくらいである。

これは、けだし、女性においては、階級の相違が、総じて、男性におけるよりも著るしく不安定であり、遙かに速やかに変化したり消失したりすることさえあり得るのによるらしい。

というのは、男たちの運命には幾百もの事項が関係を有つのに反して、女性にあっては、ただ一つのこと――すなわちいかなる男に気に入られたかということ――のみで、その運命がきまるからである。

さらに、女性の仕事が一方的であるために、女性同志は、男たちの間柄よりも、はるかに接近しているから、せめて、地位による差別だけでも、はっきりさせようと試みることが、また、その理由ともなるのであろう。

※

カボチャの馬車は王子様コース
カボチャのブルマはおもろいコース
型にハマるのはごめんだわ…
カボチャのブルマーで!!
おちゃ……
L-1
どーもーブルマーミニ子と
トレパンショーパンでーす
ブルマーミニ子 トレパンショーパン

背の低い・肩幅の狭い・臀《しり》の大きな・脚の短かい種属を、美しいものと呼び得るのは、ただ、性欲のために呆けている男たちの知性だけである。すなわち、女性の美は全く、男の性欲衝動のうちに包まれているのだ。

女性は、これを美しいものと呼ぶよりも、むしろ、非美学的なものと呼ぶ方が、ずっと正当だろう。

音楽に対しても、詩作に対しても、さらに、造形美術に対しても、女たちは、事実上また本当に、感受性や理解を有ってはいない。

もしも、そのようなもので女たちが感激したようなふりをするなら、それは、女たちが他人に迎合するための単なる模倣に過ぎないのだ。

このことは、女たちには或る事物について純客観的な関心を有つ能力がないのによるのだが、わたしの考えるところでは、その根拠は、次ぎの通りである。

男性は、総ての場合に、事物を、直接に——或いは理解すること或いは克服することによって——支配しようと努める。

しかし、女性は、常にいたるところで、単に間接的に——すなわち男性を仲介者として支配するように、定められている、ただし、妻は、ただ夫だけを直接に支配することができるのだ。

それ故、女性の天性のうちにあるのは、すべての事物を、ただ夫を得る手段と見

なすことだけであり、従って、何かしら或る他の事物に対する女たちの関心は、常に、ただの仮装か単なる手管、すなわち、媚態《びたい》やら模倣《もほう》やらとなって現われるものに過ぎない。

それで、ルソオ（ルソー　Rousseau）も、既に、いっている。

「婦人は、一般に、いかなる芸術をも愛してはおらず、また、理解してもいないし、そのうえ、何らの天才をも有っていない」と（『ダランベールへの書簡』第二十項）。

こんなことは、ものの外観に捉われない人なら誰しも、既に気がついているであろう。

演奏会、オペラ、劇場などで、女たちの注意を払う向きと具合とを観察するだけでも、わかる、例えば、偉大な傑作の最も立派な場面の最中にも、女たちはお喋りを止めようとはしない、その子供らしい、無邪気さを見たら、よくわかるだろう、ギリシア人は、婦人が劇場に入ることを

許さなかったというが、それが真実のことなら、まさしく、彼らは、正しいことをしていたといえるわけだ。きっと、彼らの劇場では、台詞《せりふ》が聴きとれたことだろう。

現代では、「女は教会にて黙すべし」(『新約聖書・コリント前書』第一四章

第三四節）に、「女は劇場にて黙すべし」と書き加えるか、それとも、これを置きかえて貰うなり、そして、この文句を大きな文字で緞帳《どんちょう》のうえにでも書きつけておくのが、至当な処置であろう。

——あらゆる女性の中で最も卓《すぐ》れた頭脳を具えたものでも、美術の分野において、真に偉大な・純正かつ独創的な業績を、たった一つだけでも、決して、もたらしたことはなかったし、一般に、何かしら永久的価値のある一個の作品をさえ、まったく、世の中に発表し得なかったことを、考えてみるならば、その他の分野においては、なおさらのこと、女たちから期望できるものなど、何ひとつありはしない。

このことは、絵画について観察すれば、最も明瞭にわかる、というのは、絵画の技術は、女性にとって、少なくとも男性におけると同様に、適当するのであるから、女たちも熱心に努力しているのだが、未だ、かつて、たった一つの偉大な絵画を示すに至らない、これは、畢竟《ひっきょう》、まさしく、絵画の最も直接に要求する精神の客観化が、総じて、女たちには欠如している——つまりいかなる場合にも女たちは主観的なものの中に閉じこめられている——からである。

普通の女たちには、まるっきり、絵画に対する真の感受性すら無いといったとて、よもや言い過ぎにはなるまい。「自然は飛躍しない」（アリストテレスの連続性に関する法則）のだから。

ウーアルテも、三百年前から、有名なその著『諸科学に対する考察力の検討』において、一切の高等な能力は婦人には無いと断言している。

※註3 ジャン・ウーアルテ Jean Huarte（1520—90）スペインの医者、著述家。

[※註3]ジャン・ウーアルテは、その著『諸科学に対する考察力の検討』（アンベレス・一六〇三年）「緒論」六頁で、「女がその頭の中に有つ自然的な機能は、多くの精神的な作業に適せず、また、多くの科学的研究にも適していない」と述べ、——第十五章（三八二頁）では、「女がその自然的な素質にとどまっているかぎり、いかなる種類の文学また科学も、その精神には受け容れられない」——同じく第十五章（三九七—九八頁）で、「女たちは（その性に特有な冷たさと温度とのために）精神の奥底に到達することはできな

い、そして、わたしたちは、女たちが、うわべだけは、或る程度、達者に、わかりきった些細な事柄を話しているということをさとる」などと描いている。

問題は、個々の部分的な除外例によって、変更されはしない、全体について考えると、女たちは、最も徹底した・しかも最も度しがたい俗物であり、また、いつまでも俗物としてとどまる。

だから、妻が夫の身分と称号とを共有するという極めて不合理な社会機構において、妻は夫の卑しい名誉欲に不断の刺戟《しげき》を与える。

その上、女たちがこのような特質を具えているために、女たちの采配を振ったり音頭をとったりすることが、現代社会の腐敗を醸すのである。

女たちの社会的地位に関しては、ナポレオン一世の「婦人には階級なし」という

言葉を、よく考えてみるべきであり、その他の点について、シャンフォール[※註4]が

「女性は、われわれの弱点と痴愚とに関係するために造られてあるが、われわれの理性に関係するようには造られてない。女性と男性との間には、ただ、表面的な共感が存在するだけで、精神・霊魂・性格などについての共感は、ごく僅かばかりに過ぎない」

といっているのは、まったく当たっている。

女たちは、いわゆる「セクス・セクイオール」［価値劣る性、アプレイウス『メタモルフォーセス』第七巻第八章］で、どの点から見ても、男性の後に立つ第二級の性である。

それ故、男性は女性の弱さをいたわってやらねばならぬ、とはいえ、女性に対して尊敬を払うのは、度はずれに滑稽なこと

※註4　シャンフォール
Sebatien chamfort（1741―94）フランスの思想家。革命の、文学的協力者であったが、その犠牲となって獄死した。奇才縦横、寸鉄人を刺す多数の文章をのこした。ここで引用された句は、『箴言と思索』"Maximes et pensees" の第二章にある。

であるし、そんなことをすると、女性みずからが男性を見くだすようになってしまう。自然が人類を二つに分けたとき、これを真二つに等分したのではなかった。すべて両極に分かれているものにおいて、陽極と陰極との相異は、単に質的のみならず、同時に量的なものがある。

——古代ギリシア・ローマの人々及び東洋の諸民族は、まさしく、そのような女性観を有っていたから、従って、彼らは、女たちに適当する地位を、わたしたち現代のヨーロッパ人よりも遙かに正当に認識していたのである。

これにひきかえ、わたしたちは、かのキリスト教——ゲルマン的愚昧《ぐまい》の最上の精華である古代フランス風の慇懃《いんぎん》と、ばかげきった女人崇拝とを持っているのだ。

しかも、このことは、ただ、往々にして、ベナレス［インドのヒンドゥ教の聖都］における神聖な猿どもを想起させるほどに、女たちを横柄かつ無遠慮にするのに役立っているばかりである。

それらの猿どもは、自分たちが神聖視され且つ殺傷禁断になっているのを知って、自分たちの欲することは総べてことごとくが許容されるものと考えているのだ。——

西ヨーロッパ諸国の婦人、殊《こと》に、いわゆる「淑女」（［独］ダーメ、［英］レディ）は、不当な地位を占めている。

何故なら、古代人から適切にも「セクス・セクイオール」と呼ばれた婦人は、どのみち、男性の畏敬と崇拝との対象たるに適していないし、男性よりも高く頭をもたげたり、男性と同等の権利を有つには、ふさわしくないからである、この不当な地位に置かれた結果は、てきめんに現われている。

だから、ヨーロッパでも、人類の第二号たる婦人には、やはり、それ相応の地位を指定し、また、ただにアジア人全体から笑われるばかりでなく、ギリシア人やローマ

人も同じように笑っただろうと想像される「淑女」というあらずもがなのものにも、結末をつけることが、ぜひとも願わしいのである。

その結果、社交的・公民的ならびに政治的な関係において、具合のよくなることは、それこそ、はかり知れないほどであろう。そうなると、サリー族※註5の法典は、余計な自明の理として、全く不必要なものになってしまうにちがいない。

ヨーロッパにおける真の「淑女」は、全く存在すべからざるものであるが、主婦及び主婦になることを望む少女は存在せねばならぬ。

従って、少女は横柄にならぬよう、そして、家事と服従とに向くように教育されなければならない。

ヨーロッパに、いわゆる「淑女」が居るからこそ、身分の低

※註5　サリー族
Salii は、フランケン族の一支族で、古代ローマのマルス神の祭祀を司どり、その法典は、女子の土地相続権・王位継承権を否定している。フランス及びスペインに行われた。

い女たち――すなわち女性の大多数を占めるもの――が、東洋におけるよりも、遥かに不幸な目にあっているのだ、バイロン卿《きょう》ですら言っているではないか（トーマス・エーア編『書簡及び日記』第二巻三九九頁）。

「古代ギリシア人の間における婦人たちの状態を考えてみると――全く当を得たものであった。騎士および封建時代の野蛮の遺風たる現今の状態は――人工的であり不自然でもある。女たちは家事に心を配らなければならない――そして、よい食物をとり、よい衣服をまとう必要はある――しかし、社交のうちにまじらなくともよかろう。

なお、宗教については、充分に教育されなければならない――けれども、詩や政治の書を読む必要はなく――ただ、信心のことや料理に関する本を読んでおれば、よいのだ。音楽をしたり、画《え》を描いたり、ダンスをしたり――時には、少しばかり庭いじりや畑仕事などをやるのも、よかろう。わたしは、エピルス［ギリシアの西部、アルバニアとの国境に跨る地方］において、女たちが道路の修繕をやり立派な成功を収めているのを見たことがある。
それ故、枯草を作ったり乳を搾ったりするのと同様に、このような仕事を、女たちにやらせてはならぬという理由が、果して、あるであろうか？」と。

※

ヨーロッパの婚姻法は、女性を男性と同等の価値あるものと考えている、すなわち、この法は或る正当ならざる前提から出発したものである。

一夫一婦制の布《し》かれている・わたしたちのヨーロッパ地区において、「結婚する」

ということは、男性が自己の権利を半減し、且つ、自己の義務を倍加するという意味になる。

考えてみると、法律が女性に男性と同等の権利を与えたときに、当然、法律は、また、女性に対して、男性の有っているような理性をも与えなければならなかったのであろう。

ところで、法律が女性に対して承認する権利と名誉とが、女性の自然的な関係を、より多く超えて高められれば高められるほど、実際に、この特典にあずかるようになる女性の数は、それだけますます減ってゆく。

そして、法律は、これら少数者に、その度を超えて与えたのと同量の自然的な権利を、それ以外の総べての女たちから奪いとるのだ、何故なら、一夫一婦制の機構と、これに附随する婚姻法とが、何ら斟酌《しんしゃく》するところなく、一般的に、女性を男性と全く同等の価値あるものと認めてしまい、これに基づいて、女性に賦与された――反自然的な・しかも女だけに利益のある――地位は、聡明にして注意深い男性をして、かように大きな犠牲を払って、しかも、かように不平等な契約を結ぶことを、はなはだしばしば躊躇逡巡《ちゅうちょしゅんじゅん》せしめるからである。それ故、一夫多妻制の諸民族にあっては、すべての婦人が扶養されているのに、一夫一婦制の民族においては、結婚している婦人の数は、ほんの僅かばかりに限られ、扶養者を有たぬ婦人が、無数に、とり残されていて、その上流社会に属するものは、無用の老嬢として坐食しているが、下層社会にあるものは、不適当な重労働を課せられるか、さもなければ、売春婦となるのだ。

これらの売春婦たちは、全く喜びもなく名誉もない生活を送っているとはいえ、このような状況のもとでは、男性を満足させるために必要にして欠くことのできな

いものであるし、それ故にこそ、既に夫を持っている・或いは夫を持つ希望を抱くことが許されている——幸運に恵まれた——女性を、男性の誘惑に対して保護するという特殊な目的を有つ・一つの公認された階級として、現われてきたのである。ロンドンだけでも、この種の婦人は、八万人の多さにのぼるという。これらの婦人は、一夫一婦制の機構によって、最も恐ろしい不幸に落されたものにほかならず、実際、これらの婦人こそ、一夫一婦制の祭壇に捧げられた人身御供《ひとみごくう》でなくて何であろうか？

このような極度に悪い境遇に陥らせられた女たちの総べては、虚飾と尊大とをかね具えたヨーロッパの「淑女《ダーメ》」に対する避けがたい埋め合わせ勘定である。だから、女性を全体として見るならば、一夫多妻制の方が、実際には、幸福をもたらすことになる。他の面からいっても、夫は、その妻が慢性病に罹っているとか、いつまでも子を産まないとか、或いは、だんだんと彼の妻として老いぼれてゆく場合に、第二の妻を迎えてはならぬということは、理性的に看過すわけにはいかない。

モルモン宗[※註6]が、あのように多数の帰依者を獲得したのは、まさしく、反自然的な一夫一婦制の撤廃によるものらしい。

その上、女に不自然な権利を与えたことは、ひいては、これに不自然な義務を負わせることとなって、この義務に背くことが、反対に、女たちを不幸にしているのだ。

たいていの男は、地位や財産に対する顧慮から、結婚を——何らかの輝かしい条件が附帯しない場合には——不得策なことと思うであろう。

そこで、男は、みずからの選択によって、女とやがて生れる子供たちとの運命を確保するために、結婚以外の条件のもとで、女を獲ようと望むようになる。

ところが、この条件は、男にとって、たとえ、そのように公正かつ理性的であり、また、事態に適合しているとしても、女

※註6　モルモン宗
Mormonism
1727年、アメリカ人ジョセフ・スミスが創唱した傍系的キリスト教で、一夫多妻主義が信仰上の必然の帰結となっている。後に、これの合衆国政府は、禁止を議決し立法化した。

としては、結婚によってのみ与えられる不相應な権利を放擲することになるし、やはり、結婚は市民的社会の基底をなすものであるのだから、この条件に同意するならば、その結果、或る程度まで自分の名誉を失い、悲しい日蔭の生活を送らねばならぬことになる。

というのも、所詮は、人間の天性が、他人の意識のうえに、それに対し全くふさわしからぬ価値を置くというならわしを有っているからである。

しかるに、女が、そのような条件に同意しないときには、やむなく自分の気に入らない男と結婚するか、それとも、老嬢として味気ない一生を過ごすか、いずれかの危険に曝される、何といっても、女の結婚適齢期は、甚《はなは》だしく短かいのだから。

ヨーロッパにおける一夫一婦制の機構の、このような面に関する著書として、[※註7]トーマジウスの『妾をかかえることに就いて』は、よく根本的な研究を遂げたものであり、読む価値を充分にそなえている。

すなわち、この書によって、人は、次ぎの事柄をさとるであろう。

「妾をかかえることは、すべての教養ある民族にあって、また、ルーテル（ルター　Luther）の宗教改革に至るまでは、あらゆる時代において、許されていた・というよりもむしろ・或る程度まで法律的にさえ承認されていた制度で、いかなる不名誉をも伴なってはいなかったのに、この制度が、このような段階から突き落されたのは、ひとえに、ルーテルの宗教改革のためであり、しかも、この宗教改革は、この制度を撤廃することを踏台として、むしろ、僧侶の妻帯を義証しようとする一つの手がかりに、目をつけて行われたのである。ことここにいたっては、カトリック側でも、勿論、この点について、おくれをとるわけにはいかなかった」――

一夫多妻制の是非に関しては、議論する必要などは全くない、これは、いたるところに存在する事実として、考えるべきである。

※註7　**トーマジウス**
Cristian Thomasius
（1655―1728）
ドイツの法学・哲学者。ライプチッヒ大学教授として、初めてドイツ語で、講義をしたが自由思想のために逐《お》われ、ハルレに赴き、同地に大学を創立して、その法律学教授となり、ゲルマン法を主張した。彼の哲学は、実践的効果に重点を置き、啓蒙期の先駆をなした。ここに引用された著書の原名は“De concubinatu”である。

ただ、問題は、これをいかに調整するかというにとどまる。いったい、真の一夫一婦主義者は、どこに居るのか？　わたしたちは、総べて、少なくとも或る期間において、たいていは、しかも、常に、一夫多妻の生活をしているのだ。

従って、男にはそれぞれ、多くの女が必要なのだから、多くの女を世話するのは、男の自由であり、むしろ、義務であるというのが、なによりも当然な話である。

そうなると、女も、従属的存在者として、その正当かつ自然的な立場に戻れるし、ヨーロッパ文明とキリスト＝ゲルマン的愚鈍の化物《モンストルム》であり滑稽にも尊敬と崇拝とを要求する「淑女《ダーメ》」は、この世界から姿を消して、ただ、あたりまえの女たち《ワイベル》が居ることとなる。

そのうえ、今、ヨーロッパに・充満している不幸な女は、もはや、一人もいなくなる。――モルモン宗の連中は、正しいのだ。

※

ヒンドスタン「インド中央平原地方」では、あらゆる場合に、婦人の独立は認められていない。マヌ法典第五章第一四八節に従って、婦人は誰でも、父か夫か兄弟または息子の監督を受けている。寡婦《かふ》が亡夫の屍《しかばね》と共に自焚《じふん》するのは、勿論、厭《いと》うべきことではあるが、夫が子供たちのためにとみずから慰めながら、一年の間、休む暇なく働いて獲得した財産を、夫の死後、寡婦がその情夫たちと共に蕩尽するのも、やはり、忌むべきことではないか。

「幸福な人々は、中庸を保つ」[※註8]――

始源的な母性愛は、動物におけると同様に、人間にあっても、純粋に本能的なものであり、従って、子供たちを肉体的に援助する必要がなくなると共に、消失する。

それから後は、始源的な母性愛に代って、習慣と理性とに基づく母の愛が現われなければならぬ筈であるが、往々にして、ことに、母が父を愛していなかった場合には、それが現われてこない。

父のその子供たちに対する愛は、母の愛とは種類の異なるもので、それよりも遥かに持久的であり、子供たちのうちに、自分に特有の最も深い自我を再認識することに基ずく、つまり、形而上学的な起源を育つ。――

※註8「幸福な人々は中庸を保つ」
この句はウィッテンベルヒのタウブマン教授（1613年死）の標語。ウェーベルに拠《よ》れば、デモクリスト（前四六〇―三七〇）または或る諷嘲哲学者の断篇にあるという。

地球上のほとんど総べての民族において、新古を問わず、ホッテントット族においてすら、財産は、もっぱら、男性の子孫にのみ伝えられるが、ただ、ヨーロッパにおいてだけは、その例外をなしてきた、もっとも、貴族は別だが。——

ホッテントット族にあっては、父の財産は総べて長男に伝えられるか、或いは、同一家族に属するものの中で最も近縁の男子がこれを相続する。

財産は決して分割されないし、女たちに伝えられることは全くない（ルロア、Ch. G. Leroy 著『人間及び動物の知性と能力とに関する哲学的文献』新版・パリ・共和制一〇年（一八〇二年）・二九八頁）。

男たちが、永い間の勤労と大なる辛苦をかさねて、やっと築き上げた財産も、女どもの手に渡ると、その無智のために、またたく間に蕩尽されたり、また、それ程ではなくとも、濫費されるのは、全く見るにたえない——しかも・ざらに見られる——ことである。

こんな事態は、女子の相続権を制限することによって、予防されなければならない。それには、女子に、寡婦と娘とを問わず、男系の後継者が皆無でないかぎり、不動産や資本を相続させることなく、原則として、ただ、一生涯の間、抵当権の上で保護される利子のみを相続させるのが、最良の制度というものであろうと・わたしには思われる。

そうなると、財産の取得者は、男子であって、女子ではなく、従って、女子には、財産を管理する資格が与えられないと同時に、これを制約なしに所有する権利も認められず、女子は、決して、相続した財産そのもの・すなわち資本金・土地・建物などを、自由に処分してはならない、つまり、常に、後見人を必要とする、従って、当然、寡婦は、いかなる場合にも、その子供たちの後見役となってはならないということにもなる。

女たちの虚栄心は、たとえ、それが男たちの虚栄心より大きくない場合でも、多く物質的な事物、すなわち、自分を美しく飾ることとか、次いでは、浮華・贅沢・

壮麗といった面に熱中する悪癖があり、従って、女たちの最も好むところは、まさしく、社交ということである。

この虚栄心は、特に、その理性の貧弱なためでもあるが、女たちを浪費に傾かせる。だから、古代人は、早くも「女たちは、たいてい、生れながらにして、無駄づかいをする」といっている（エス・ブルンク著『ギリシアの格言集』第一一五節）。

これに反して、男たちの心は、おおむね、非物質的な長所――例えば、悟性とか教養とか勇気などのようなこと――に向けられる。

――アリストテレスは、この『政治学』第二

巻第九章で、スパルタでは、女たちが遺産を相続したり持参金を携える権利を有ち、その他にも広範囲にわたって束縛されずにいたほど、女に対して、あまりにも多くの自由が許されていたので、そのことから、スパルタの男たちにとって、どれほど重大な不利益が発生し成長したか、また、そのことが、スパルタの没落に、どれほど深い関係を有っていたかということを、詳しく説明している。

——フランスにおいても、ルイ十三世以来、絶えず増大してきた婦人の勢力が、宮廷と政府とを徐々に腐敗せしめ、ひいては、第一革命を惹き起し、その結果、数々の政変が続発したことに就いて、

責めを負うべきではあるまいか?

いずれにしても、ヨーロッパに淑女というものが存在するということにつけて、その最も鮮明な証徴を現わしている女性の誤まった地位は、社会状態の根本的な欠陥であり、この欠陥は、その中心から、すべての部分へと、それの不利益な影響をおし及ぼすにちがいない。

女が、その天性から従順であるように定められているということは、そのひとりびとりが、完全な独立という・女の天性にとって自然に背くような地位に置かれる場合に、間もなく、その地位を誘導

し且つ支配してもらえるような一人の男に結びつくということによって、はっきりと認められる。

何といっても、女には主人が必要なのである。その際、女が若ければ、主人は、すなわち、愛人であり、年老いているならば、それが、懺悔聴聞僧《ざんげちょうもんそう》ということになる。

2019.1

昭和二十七年版　訳者解説

本書は、“Parerga und Paralipomena”の第二巻第二十七章“Ueber die Weiber”以下、最後の頁に至る部分の訳である（本著編集部解題参照）。

ショーペンハウェルは、主著『意志と表象としての世界』を、早くも三十歳の年に発表し、二十六年の後、それらの増補を別冊の第二巻として公けにしている。

それから、さらに約七年間の持続的思索の結晶が、一八五一年末、六十三歳にして発表されたこの“Parerga und Paralipomena”と題する随想集《エッセー》である。

この書において、ショーペンハウェルは、より一層、驚くべきほど拡充された自己を全く率直に語っている。

その明澄な思索はいちだんと深味を増し、公平な物の見かたがものごとの細かい隅々にまで、よくゆきわたっており、彼の人間的な魅力の滋味が、著るしく身近かに感ぜられる。

この随想集《エッセー》のかなり厖大な第二巻は、いくつかの主題を中心にしたいくつかのブロックに分けられると思えるが、とくに、この最後の部分は、最も具体的な・現実的に痛切な主題《テーマ》をそのままに採り上げ、自由奔放に語っている点で、一つの興味あるブロックを成しているといってもよいであろう。

とまれ、ショーペンハウェル晩年の老熟した境地にあっては、このような主題《テーマ》を得ることによって、のびのびと、最もよく自己を語ることが出来たのではあるまいか。

※

この『女について』を発表して以来、ショーペンハウェルは、「女性の敵《かたき》」を以《もっ》て目されているといわれる。しかし、ショーペンハウェルによれば、「女性の敵」は、あくまでも女性そのものである。

つまり、「商売敵《がたき》の憎しみ・嫉視は、男にあっては、同じ商売に従事している者同士の間にのみ限られているが、女は、この感情を、他のすべての女性に対して抱く。というのは、女たちは皆、たった一つの商売、種属維持のために男性を獲得するという・たった一つの同じ商売に従事しているのだから」従って、ショーペンハウェルにとって、自分に向けられたこの「女性の敵」という言葉は、おそらく、何の意味をもなさないであろう。

しかし、別な意味で、ショーペンハウェルは合点するかも知れない。

自分は全く公平に書いたつもりなのだが、考えてみれば、公平ということくらい、女から嫌われるものはなかったんだっけ、女は、自分に有利な不公平しか好まない、とくに、あの「淑女《ダーメ》」という種属は、永久に甘やかされていたいらしく、いちど、誰かが「美しい性」なんかと下手なお世辞を使ったものだから、すっかり思いあがり増長してしまって、それからというものは、単に、そんなお世辞を繰りかえしただけではもの足りず、さらにちやほやとさまざまなお世辞をかさねなければならなくなってしまった。（しかも、お世辞というやつは、いくら美辞麗句をならべ立てても、満足させるわけにはいかないものだし、相手が女であってみれば、それは、なおさらのことなんだ）女にかぎったことぢゃないが、とくに、女は、自分のことについて、ちょっぴりでもあからさまに率直にいわれると、すぐさま、逆上してしまうから厄介だ。

わたしだって、女の美点は、それ相応に褒めておいたつもりなんだがな・と。

そして、この『女について』を読んだ「淑女《ダーメ》」たちの切歯扼腕《せっしやくわん》ぶりを、無邪気に哄笑《こうしょう》するだろう。彼は、真実を語っただけだ。そして、その結果として、「淑女《ダーメ》」たちを悩ませたかも知れないが、いったい、何ぴとをも悩まさない哲学とは、そもそも何ものだろう。彼には、女たちを正しく位置づけたという功績こそあれ、決して、無益に人を傷つけたことはないのである。

けれども、一方、「淑女《ダーメ》」たちが怒るのは、無理もない。ほかならぬ「淑女《ダーメ》」たちこそ、全女性のなかでも特に、ショーペンハウェルの手厳しい槍玉に挙げられているのだから。

通例、「淑女《ダーメ》」と称されている部類の女たちは、ショーペンハウェルが、女の長所として数え上げているものの総べてを欠き、欠点・短所として数え上げているものの総べてを、具えているのだし、また、ふだんから御機嫌とりに慣れ、それを傲然《ごうぜん》と受け容れているのが常なのだから、このようにあからさまな言説を聞けば、ことさら色をなすのも、まさに当然予期され得る反応であるともいえよう。

かくして、「淑女《ダーメ》」たちの怒りは、みずからへのショーペンハウェルの・諷刺の矢の痛さに正確に比例して増大する。しかし、ここで悲鳴を挙げたり、騒いだりするのは、決して得策ではない。

怒れば怒るほど、ショーペンハウェルの言説の真実性を強く証拠だてることになるのだから。

そこで、この場合「淑女《ダーメ》」たちは、いうまでもなく賢明に振舞い、こうなったら、味方は多ければ多いほどいいというわけで、日頃蔑視していた一般女性をも仲間に引き入れ、「自分たち……淑女《ダーメ》の敵」というかわりに、漠然と、「女性の敵」という概括的な語を、婉曲《えんきょく》に用いることによって、世人の同情を最大限に喚起し、ショーペンハウェルの主張を全面的に否定し去ろうと試みた次第であろう。

ところで、これは、世の男性に与えられた——つまり男の読む——随想《エッセー》である。

この文章に用いられた「わたしたち」という代名詞は、「男性」と同義語であり、ここに現われている「女」は、あくまでも、男性の眼から見た「女」なのである。

これは、わかりきった話であるが、しかし、男の眼から見た「女」を、これほどまで、まざまざと描き出したものは、ちょっと他に類がない。

これは、すばらしいエッセーの傑作ともいうべく、まったく過不足なく「女」を観ている。

男はみな、この書によって、みずからの偶像「女」に対する認識を改めるべきである。特に、青年は。その上で、愛するなら、愛したらいい。（その結果、恋が出来なくなったというなら、そんな恋なぞ、およそ、なにものでもなかったのであろう）その結果、女の美点には正当な賛美を以て、女の欠点には正当な批判を以て、そして万事あだな望みは捨てて女を愛することができ、女にのぞむことができたら、それこそ公平な態度というべきである。

この随想《エッセー》は、その公平な態度のありかたを実に良く教えてくれている。

もっとも、ショーペンハウェルといえども、総べてにわたって、公平であるとはいえない。彼は一生、何不自由のない富裕な生活のうちに過ごした。そこからくる盲点が、やはり、見うけられるし、そのために推論の誤まっているところがある。それは、「一夫多妻」を当然の帰決としているくだりだ。

彼は、「一夫一婦」の弊害として、無数の売笑婦と老嬢との存在を挙げている。しかし、トルストイは、

「すべての人がソロモンのように千人の妻と宮殿を持つわけにはいかないこと、一人の男が千人の妻を持つ場合には、九百九十九人の男が妻を持たずに終らなければならないことを忘れるのは、その人間の徳性が麻痺しているからだ」

と、『懺悔』のなかで、手きびしくいっている。

売淫は、結局、階級制度の所産・人間による人間の搾取の典型・露骨な人権の蹂躙《じゅうりん》である。

エンゲルスはいっている。階級社会における一夫一婦制は、家つきの財産を維持するため、妻に対してのみ要求される婚姻制限であり、男には妾《めかけ》を有つことを許しており、ここに娼婦が発生する。

社会主義社会となり、生活が社会によって完全に保証されれば、男女ともに平等な真実の一夫一婦制が実現するで

あろうし、娼婦は姿を消すことであろう・と。

女が、生きんがために、やむなく自分の肉体まで売らねばならないというのは、これこそ、その社会の包蔵《ほうぞう》する重大な不合理のあらわれでなくて何であろうか。

ショーペンハウェルは、卓抜したリアリストの眼を持ちながら、このことを洞察していない。彼の眼には、人間は、歴史の中にうごめく哀れなものとして映るばかりで、歴史によって形成されながら歴史を創ってゆく存在として把握されることは余りに尠《すく》なく、また、その主要な関心は、人生いかに生くべきかに向けられるよりも、人はいかに生きているかを直視するにあったのだから、この場合にも、まさに、そのことにふさわしく、現実を、あるがままに見て、率直に、正面切った一夫多妻の方がまだしもよかろうと言っているわけだが、いかなる意味でもロマンチストではなかった彼が、進歩とか発展とかいうことを信じなかったことは分るとしても、売笑婦の問題が、モルモン宗・一夫多妻に逆行する……文字通り、それは逆行でしかない……ことによって解決されるだろうと断定するに至っては、これこそ歴史を否定するものといわなければなるまい。

また、話はちがうが、妻が慢性病に罹ったり、子を産まなかったり、年老いてゆく場合に、第二の妻を迎えてはならぬということは、理性的に看過しがたいとして、これを「一夫多婦」の一つの根拠としている点も、人間は理性的にばかり生きてはいない、悪をなすとき、人間は往々にして理性的であり、善をなすとき、人間はかえってしばしば理性的ではないというショーペンハウェル自身の言葉によって反駁《はんばく》されるべきである。

ここでは、ショーペンハウェルは、愛情の問題に必要以上に爪を立てすぎているというべきであろう。

この愛情の不当なる軽視は（いな、『女について』それ自体が）、彼の伝記的事実に多くのつながりをもつとかんがえられる。

たとえば、女を讃美することから、彼は、この随想《エッセー》の叙述をはじめている。これは、たしかに、礼儀正しいというべきだ。

ところで、この讃美を、彼は、自分の言葉で語っていない。シルレルを、ジューイを、バイロンを引用することで間にあわせている。

これは、意味のあることでなければならない。彼は、自分の言葉では語れなかったのであろう。

ショーペンハウェルは、愛のない結婚から生れた息子である。

彼の母ヨハンナは、十九歳の悧発《りはつ》な少女として、ほとんど二十歳も年上の・大商人である・彼の父ハインリッヒ・フローリスと、望まれるままに、愛情もなく結婚した。

彼女はこの結婚によって、輝かしい境遇に入り、その精神的能力の開発のために、最も良好な条件を見いだし、後年、閨秀作家として持てやはされるに至った。

しかし、ヨハンナは、知性的もしくは義務的にしか、息子を愛することが出来なかった。こんな風に、評伝作者メービウスは伝えている。ヨハンナは、わたしたちが心情《ゲミュート》といっているものが欠けていたようだ。

わたしたちは、思い浮べることが出来る、だだっ広く冷え冷えとした大邸宅のなかで生れ落ちるとから孤独に育った傲岸《ごうがん》な癇癖《かんぺき》の強い少年を。

カントも、ゲエテも、溢れるような温かい母の愛につつまれて生長したことを、考え合わせるとき、このことは大きな意味をもつ。

母の愛の欠如が、ショーペンハウエルの思想を、先ず方向づけたといっても、過言ではないだろう。

「始源的な母性愛は、動物におけると同様に、人間にあっても、純粋に本能的なものであり、従って、子供たちを肉体的に援助する必要がなくなると共に、消失する。それから後は、始源的な母性愛に代って、習慣と理性とに基づく母の愛が現われなければならぬ筈であるが、往々にして、ことに、母が父を愛していなかった場合には、それが現われてこない。……」

この行文の冷たさを見よ。わたしたちは、ここに、この厭世《えんせい》哲学者の生涯の不幸を見るのである。

しかも、彼は始源的な母性愛にすら恵まれなかった。

母は、本能的であるには、あまりに知性的な女性であったから。

そして、軽薄な閨秀《けいしゅう》作家の母と不羈《ふき》な哲学者の子とは、生涯、しっくり行かなかった。

いや、むしろ、両者の間には、大きな不和が横たわっていた。

しかし、ショーペンハウェルが、父の遺志に従って、いやいやながら続けていた商店の見習いを止めて、その好む学究生活に進み得たのは、母が、その友、美学者フェルノーと相談の上で、先ず進路を開いてやったからだということを忘れてはならない。

夫の不慮の死後、早々にして、莫大な過産を携えて、ワイマールに移ったヨハンナは、一八一三年以来、フォン・ゲルスターベルグという男を同居させていた。

その年、ふたたびワイマールに帰ってきたショーペンハウェルは、既に童貞ではなかったから、母の家にこの虫の好かぬ男を見いだして父の思い出が恥ずかしめられたと信じ、いちずにハムレットの悩みに苦しんだ。

ヨハンナは、はっきり弁明した。しかし、このことで、母と子の不和は決定的になり、ふたりは同じ家に住むことができなくなった。

ちょうどその年、ショーペンハウエルは、その処女作『充足根拠律の四根』（『根拠の原理』）をゲエテに献じて、その激賞をかち得た。

ウィーラントも、その母に向って、「あんたの息子さんはきっと大物になります」と太鼓判を押した。

これらの息子に対するあまりに大きな賞讃は、母を喜ばせる代りに不興にした。

一家族に同時に二人の天才がいるという話を、彼女は未《いま》だかつて聞いたことがなかったから。

商売敵の反抗と不安とが、彼女の嫌悪をさらにそそりたてた。母は、息子の学位論文を皮肉って、いった。

「四つの根だって……？　薬局向きのもののようだね」

息子も負けていなかった。

「だけど、お母さんの書いたものが、紙屑拾いの籠の底にも残らないようになった時でも、わたしの本は、やっぱり、読まれますよ」

「そうかも知れない。その時になっても、お前の本は、初版のままで、いつでも本屋から買えるだろうからね」

母は息子を階下へ突きとばした。息子は突き飛ばされながら、「あなたは、ともかくわたしのおかげで、後世に名が残るんですよ」と叫んだ。

親子の対面はこれが最後であった。この予言はいずれも適中した(長與善郎氏『ショーペンハウェルの散歩』より)。

ワイマールで、ヨハンナの収めた文筆上の成功は、ゲエテの好意的なお世辞のおかげもあって、意外に大きかった。「優れた閨秀作家」という名声は、いつの時代にあっても、その所有者にとって甚だ危険である。

……「彼の父の場合に比べると、母について、ショーペンハウェルは、遙かに少ない尊敬と低い評価とを以て語った。彼は、彼の母がどんなに派手な生活をしていたか、ワイマールではどんなに文学かぶれの女たちに騒がれていたかについて、語るのであった」(相原信作氏訳編『ショーペンハウェルの対話』より)。

いちいち引用しなくとも、このような母にあてつけたと覚しき言辞が、『女について』の到るところで、数多く見つかるであろう。

彼は、その母を、ただ彼女の欠点を暴露し究明する以外に、愛するすべを知らなかった。

このようなやりかたでしか、ショーペンハウェルは、一般に、人を愛することが出来なかったのかも知れない。もし、このようなやりかたが、「愛する」というに値するものであるとすれば。

愛するとは、同時に、憎むことである。いずれにせよ、関心を持ちすぎることである。

とまれ、男性は先ず、その愛する母を通して、自分の理想の女性を思い描くというフロイドの仮説に或る真実性があるとすれば、愛さぬ母を有ち、むしろ、母を軽蔑していたショーペンハウェルは、果して、いかなる理想の女性像を有ち得たであろうか。

ワイマールの社交界で、彼は、おおむね、孤独であった。

若い女たちは、ショーペンハウェルを「いつも他の人々から離れて窓辺に佇《たたず》む偏屈者」と見なしていたし、ショーペンハウェルみずからも語っている。

「わたしは、母とその取巻き連中とに対してはついぞ馴染まず、いつも孤独を感じていた。それで、ワイマールでも、この人たちは、わたしに対して不満だったのだ」(『ショーペンハウェルの対話』より)。

しかし、このワイマールで、ショーペンハウェルは、その長い生涯における最初にして最後の恋をした。

この「女性の敵」の哲学者から恋歌を捧げられた唯一の女性は、カロリーネ・ヤーゲマンという・ゲエテを振った女優で、彼より、十歳の年長であり、彼をまんざら嫌いではなかった。この結局は実らなかった恋のために、ショーペンハウェルは、ひどく苦しんだと伝えられている。

真剣な初恋に破れた人は、爾後《じご》、往々にして、恋愛ということに極度に懐疑的になるといわれる。その後の彼の生活を辿れば、事実は、まさしく、そのことを物語るようである。

一八一八年、彼は、主著を完成した後、保養のため、イタリアに旅行し、ヴェニスに暫《しばら》く滞在したが、その地で、一人の身分あり財産ある婦人と親密な關係を結んだ。

この愛人と結婚することはその気持さえあったなら、容易であったが、彼は、遂に、そこまでは立ち入らなかった。

とはいえヴェニスの愛の魅力は、彼を長い間籠絡《ろうらく》し、老境に入ってからも、彼は、ヴェニスのことを口にするごと毎《ごと》に、甘い気分にひたり、その女性を、「わたしの Dulcinea」と呼んでいる。

ダルシニアとは、いうまでもなく、ドン・キホーテの偶像で、みめよき田舎娘であるが、真の恋人は、決して、そんな言葉で、その対象を呼びはしないだろう。

また、「イタリアでは、美を味わったばかりでなく、美人どもを味わった」とも述懐している。ドイツに帰ってからも、彼は、ベルリンで、メドンという女性と情交を結んだが、結局、結婚はしなかった。

このような彼の情痴生活は、かのカロリーネとの初恋の際に、その頃まださほど仲の悪くはなかった母に愬《うった》えて、「このひとをわたしは妻にしたいと思います。よしんば彼女が道ばたで石を切るような女だったとしても」といった悶々《もんもん》の思いと、どのくらいかけはなれていることか。

彼は、生涯、独身で通した。後年、「あなたは一度も結婚しようと考えたことは無いか?」と訊かれて、「自分も、一生の間に、数回は、危うく結婚しようというような破目に陥いったことがある。しかし、いつもきまってお流れになった。これは幸いだったと思う。結婚生活の重荷を負っていたとしたら、わたしは、おそらく、自分の仕事をほとんどなし得なかったろう」と答えている。

とにかく、その女との関係は、恋愛というよりは、愛欲もしくは情欲というに近く、相手は、女性そのものというよりは「性欲の対象としての女性」という観を多分に持っていたことは争えない。

彼は、長い間、性欲の処理に苦しみ、性病に悩まされたとも伝えられている。性愛の点において、彼は、決して、その理想《イデー》する聖者ではなかった。

※

ショーペンハウェルの父親は、その息子を教育する主眼点を、一人の世界市民を作るということに置き、最初から、世間という活きた書物を読ませようと、九歳の少年をパリの知人の許に

託し、その家庭で同じ年頃の友と起居を共にさせ、また、十五歳になった息子を伴なって、オランダ、イギリス、フランス、スイス、イタリア、オーストリアを歴遊した。

クノー・フィッシャーは、ショーペンハウェルとデカルトとを比較し、後者が十六歳にして既に学校の課程を了え、実社会の探究と遍歴とに進んだのにひきかえ、前者は全くその逆を行ったと述べているし、ゲエテは、この四十歳も年下の青年哲学徒に初めて会った時、「その若さで、もうそんなに沢山の経験を！」と驚嘆《きょうたん》したという。

何よりも先ず、年少の柔らかな感受性で、見たこと経験したことが、ショーペンハウェルの思索に確固たる現実的基礎を与えたことはもとより、その独自の哲学にどれほど寄与するところ多かったかは、はかり知り難いほどである。

ここに『教育について』の題の下に、彼が述べていることは、いうまでもなく、彼の『根拠の原理』で詳論されている認知過程（知覚＋悟性＝認識……表象＋理性＝概念・表象の表象……思惟……納得）から導かれた理論的帰結であるけれども、それが、彼の父の見解・すなわち・彼が父から受けた現実的な教育の指針と規《のり》を一にするものであることは、まさに驚嘆に値いする。

彼が、父に関してなみなみならぬ感謝の念を以て語っているのは、まことにむべなるかなとうなずかれよう。

※

フランクフルト・アム・マインに落着いたショーペンハウウェルは、たいてい、夕食を「イギリス亭」という食堂で摂《と》ったが、或る時、一人のイギリスの少年が親たちとの席を離れ、ショーペンハウウェルの前に座って食事をしたことがある。

勿論、二人とも黙っていて、会話を交わしたわけではない。

少年の親が、そのわけを少年に訊ねると、少年は、「あの人は偉い人です。あの人の傍に坐って食事するのは楽しいことです」と、答えたという。

彼が引用しているペトラルカに関する逸話に似かよった話である。

ゲエテと会談した或る老練な外交官が、その友人に「彼もまた苦労した人である」といったのを聞いて、ゲエテは書いている。

「もし、われわれの容貌に、切りぬけてきた苦悩や、なし遂げた活動の痕跡が、消えぬもののならば、われわれと、われわれの努力とから後に残る総べてのものが、同じ痕跡を帯びるということは、何の不思議もない」と。

ゲエテに傾倒していたショーペンハウェルが、ゲエテのこの言葉を知らなかったはずはない。就学以前、ハンブルグでの強いられた徒弟時代、彼は、よく店の仕事をさぼっては、しばしば有名な骨相学者ガルの講義を聴きにいったという。

愛弟子フラウエンシュテットに対して、彼は、しごく率直に、

「わたしは、自分の知的人相には大いに満足だが、これにひきかえて、道徳的の方は全く気に喰わない」

と語った。数多い彼の写真・肖像画・彫刻の類いのなかで、彼には、果して、どれがいちばん気に入ったのだろうか。

※

彼が躁音をどれほど嫌悪したかについては、次ぎのような逸話がある。噪音は、彼に、金銭的な損害をも与えたのである。

ベルリン時代、ヘーゲルとの競争講座に敗れて、気をくさらしていた頃のこと。

彼は、その借りていた部室の前で、他の人たちが、雑談などしないように、あらかじめ、貸主に通告しておいた。にもかかわらず、或る日、外から帰ってくると、三人の女ががやがや話していた。

彼は、すぐさま、出ていってくれと要求し、二人はこそこそ立ち去ったが、残った一人は何度いっても聴かなかったので、むりやりに引き摺って外に押し出した。

そのはずみに、女は倒れて腕を挫き、その職業の裁縫が思うように出来なくなったと称して、彼を告訴した。

訴訟沙汰が長いこと続き、すったもんだの挙句、ショーペンハウェルは損害賠償として、六十ターレルの年金を支払うようにとの判決が下された。

※

『反時代的考察』において、ニーチェは次ぎのようなことをいっている。

ショーペンハウェルは自己の天才をはっきり自覚し、これを深く掘り下げて右顧左眄《うこさべん》することなく、ひたむきに歩んだ。

ここに、彼の独自の偉大なる哲学が生れたのであり、この自己に最も忠実であったという点で、彼は長く人類に対する教育者の意味を有つのだ・と。

この大教育者の見解はおおむね適切であり、豊富な引例を駆使し、常に風刺《フモール》に充ち、少しも感傷的でない。『譬喩、寓話、作り噺』を一貫する単純さ、率直さに、わたしたちは、ショーペンハウェルその人に面接する思いがするであろう。

石井 立

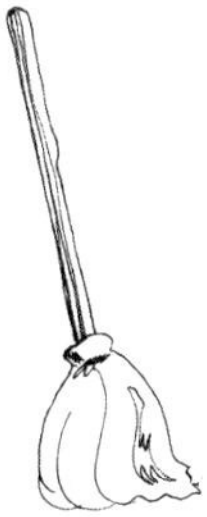

ショーペンハウェルの『女について』

横山茂彦

ある雑誌の編集長の発意から、この本は企画された。その編集長は当代随一のフェミニズム論者に企画を提案するも、おもしろい企画だけれども不快な記憶がある、との反応を得たという。

さもありなん。その碩学のフェミニストも、過去にショーペンハウェルの論考に接していたのであろう。このエッセイに接する「不快」について、わたしもその感想を共有する。なんともここまで、十九世紀の哲学者はミソジニー（女嫌い）であるものか。

ただし不快な実感とは別に、近代哲学の水路をひらいたショーペンハウェルの女性観を理性的に分析するのは、それほど「不快」なことではない。それはおそらく、不世出の哲人のホンネとおもいえる論考を、好きなように切り刻む快楽のゆえであろう。

たぶん圧倒的に多数の、本書を不快に感じる方々のために、ただしい読解の仕方を披瀝したい。この「ただしい読解」とは、男のホンネを暴露し白日のもとに晒すことにほかならない。そしてそれは、かならずしも女性にとって不快なものではないと、わたしは思う。ショーペンハウェルにおけるミソジニーは、たぶんに女性賛美の反証であるからだ。

たとえばこのエッセイの冒頭に、ショーペンハウェルはシラーの『奥様がたの品位』という詩を「推敲をこらしてつくりあげた」「巧みに用いられた対句と対照との妙によって、よく人の心を動かす」と絶賛している。

さらに、それよりも優れたものとして、ジューイの句に仮託して「おんながいなかったら、われわれ男の生活は、はじめには援助から、なかばには悦楽から、おわりには慰めから、引き離されてしまうであろう」と、女性への賛美を言いあらわしている。われわれにとって不快でもなんでもない序章において、ショーペンハウェルはこのように女性を賛美しているのだ。

ここでショーペンハウェルに代わって、シラーの『奥様がたの品位』（「女性たちの品位」が適切な表題であろう）を紹介しておきたい。訳者の石井立氏が「愛情への不当なる軽視」ゆえに、女性への賛美を「自分の言葉で語れなかったのであろう」とする冒頭部の、バイロンのあふれるような生命感で女性を詠うフレーズともかさなる。

おしなべて女性を尊敬せよ
彼女らは地上の生活に天来の薔薇を編み、織りまぜる
愛のうれしきリボンを編み
また優美の潔《きよ》き面紗をかけて
彼女らは美しき感情の永遠の火を
聖き手にて注意ぶかく維持する

真理の境涯から永遠に
男の不逞の力はさまよい
不安定に想いは、情熱の大海をただよう
貪欲に男は遠くのものを取らんとし
けっして彼の心はおちつかぬ

はるかなる星を縫い、休みなく
男はみずからの夢のすがたを追う

されど、魔術的に魅力あるまなざしもて
女性たちは逃亡する男を
諫めつつ現在の軌道によびもどす
母の慎ましい小屋のなかに
彼女らは清き道徳をまもりとどまる
敬虔なる自然の忠実な娘たち

男の活動は敵対的であり
破壊的な暴力をもって
粗野な男は、人生をわたる休息も停滞もなく
おのれの創造物をふたたび壊し

けっして欲望の争いは止まない
ヒドラの頭が永遠に
落ちては新しく生えるように

されど、静かな名誉に満ちたりて
女性たちは瞬間の花を手折り
心こまやかにそれを愛育する
たとい活動は拘束されても
知識の領域や文学の社会における無限さは
男よりも自由で豊富である

きびしく、かつ誇らしく、みずから満足する
男の冷たき胸は
心からひとつの心にすがりながらも

愛の神々の歓喜を知らない
心と心との交歓を知らず
なみだ一滴も流さぬ
げに人生の戦いは
頑固な心をますます固く鍛える

されど微かに、西風の神に揺られしごとく
風の神の竪琴が突如として鳴りはじめるがごとく
女性の感じやすき心はふるえる
かよわく、苦しむ姿を憂いながら
愛する胸は波うち
瞳は天来の露に真珠かとばかりに輝く

男の支配する世界には

不逞の力がはびこる
スキチア人は剣で証明し
ペルシャ人は奴隷となる
怒りながら、熱望者たちは勢い猛り相打つ
かくてハリスの逃げ去ったところに
エリスの枯れ草がはびこる

されど、やさしく掻き口説き
女性たちは道徳の王笏《おうしゃく》をもって
狂おしく熱しはじめる不和を消し
敵と憎みあう力に
愛しく抱き合うことを教え
永遠に避け合うものを一致させる

ここに歌い上げられているのは、激しいまでの男女の対比である。現代的にいえば、男性のテストステロン（攻撃的な性ホルモン）にたいして、慈愛のような女性の心がそれを解きほぐす。愛と清らかな和解の力が、女性によってもたらされる。このような女性賛歌に、わがショーペンハウェルも心を動かされたのではないだろうか。

シラーはこのほかにも『鐘のうた』（一七九九年）において、女性の勤勉と賢さを賛美している。ゲーテはどうだろうか。フランス革命期の市民の生活を描いた『ヘルマンとドロテーア』（一七九九年）では、勤勉な女性・ドロテーアの口から、人のために尽くす生き方を幸福に感じる、やはり勤勉な女性のありようが語られる。抄録しておこう。

どんな道も苦にせず、夜のときをも昼のように考え、けっして働くことをさげすまず、針仕事も面倒がらず、すっかり自分というものを忘れて一途に人のために生きたいと思うように身を慣らしてこそ、女は幸せなのです。母親になれば、それこそありとあらゆる徳を備えていなくてはなりません。……男の方が二十人寄っても、この苦労には耐えられないでしょう。

どうやらショーペンハウェルと親交のあった男性詩人たちは、女性の勤勉さに美徳をみとめているようだ。
さて問題なのは、石井氏も指摘する母ヨハンナとの確執である。いうまでもなく人口に膾炙している、女性への賛美を「自分の言葉で語れなかった」遠因の母親である。
ゲッティンゲン大学医学部に進んだショーペンハウェルは、すぐに哲学と古典の勉強に没頭している。そしてすでにこの時期に彼は、生涯をつうじて学究生活をするにじゅうぶんな遺産を、母親と分け合っている。エルンスト・シュルチェ教授の勧めもあり、プラトンやカントを研究することで哲学徒としての目覚めを得たと、後年語っている。
休日ごとに、母親のいるワイマールに帰ったショーペンハウェルは、彼女のサロンでゲーテやマルティン・ヴィーラント（詩人）の知己をえた。すでに母ヨハンナは人気女流作家であり、フリードリヒ・シラー、シュレーゲル兄弟などとも交友があった。とくにゲーテとは深い親交があったと言われる。ゲーテの妻クリスチアーネは下層階級の生まれであったため、社交界において「クリスチアーネ・ブルピウスは招待しない」という暗黙の了解があり、彼女はどこからも村八分にされていた。

しかしヨハンナは「ゲーテ様が正式にご結婚された方ならば、わたしの茶会に招いても何の問題もございません」と、快くクリスチアーネとゲーテを招いた。このことがあってから、ゲーテはヨハンナを心から信頼したという。当時七十八歳の詩人ウィーラントは、少壮の哲学徒ショーペンハウェルと語らったのちに、専心哲学を学んだほうがよかろうと、母親と息子に告げている。詩人はこう語った。

「ショーペンハウェル夫人、わたしは先日、非常に愉快な知遇をえました。あなたそれが誰だかご存知ですか。あなたのご子息

なのです。ああ、わたしはこの青年と知り合ってじつに愉快です。きっと彼は偉いものになりますぞ」

この言葉は、母親が詩人に語らせたというのが定説である。だとすれば、母から息子へのメッセージということになる。

美学者フェルノーと相談のうえ、ショーペンハウェルが好む学究生活への道をひらいたのも、石井氏が指摘するとおり母ヨハンナだった。ここまで見ると、後年の大哲学者アルトゥル・ショーペンハウェルを生んだのは、文字どおりの意味で母ヨハンナということになる。ショーペンハウェルが十八歳のときに事故死した父ハインリヒは、嫌がる息子を商人にしようとしていたのだから――。

ゲーテ夫妻との関係でも、サロンの重鎮ウィーラントに専心哲学を勧めさせたことにおいても、ヨハンナは近代的な知性の持ち主であり、ショーペンハウェルのよき理解者でもあるようだ。石井氏は「母の愛の欠如」がショーペンハウェルの思想を方向づけたとするが、それはそれとしても、すでに哲学徒としての道を歩みはじめた息子が、母の情愛をもとめていただろうか。そうだとすれば、のちの母子の不和の理由には、ふたつの説明が必要だろう。

ときの知性を集めるサロンのマダムで人気作家、近代的な知性の持ち主でもあった母ヨハンナを、ショーペンハウェルは心の底から愛していたはずだ。後年の不和こそが、母と息子の蜜月の証しである。その愛はしかし、容易に知性と情愛に分離してしまう。ヨハンナは知性と情愛を、おそらく併せもっていたはずだから。

やがて母子の関係は崩壊する。母が同居をはじめたフォン・ゲルスターベルグという人物が原

因である。ショーペンハウェルが彼を嫌ったように、ゲルスターベルグも彼を嫌った。ふつうに受けとれば、これは母親の新しい恋人への嫉妬であろう。知性と情愛が分裂してしまったのである。

母ヨハンナはゲルスターベルグをかばい、みずからの道徳的な潔白を証明しようと苦心したが、ついに折り合わなかった。母子ははげしく衝突し、ヨハンナをして「大きくなって独立した息子といっしょに住むのはよくない」と、離別状を息子に渡しめたのだった。ヨハンナがショーペンハウェルに「おまえの名は歴史にも残らない」と言い、ショーペンハウェルはこれに対し「あなたは僕の母親としてのみ、後世に知られることになるでしょう」と言ったという逸話は、このときのものである。石井氏が引用した『ショーペンハウェルの散歩』（長與善郎）の逸話は、かなり脚色されて面白い。母親に階段の下に突き飛ばされながら、息子が反論したというのだから。いずれにしても、息子は母親の知性を憎悪したにちがいない。

これ以降、母子はわずかな手紙のやり取りをのぞいては、終生絶好状態となった。一説には、ショーペンハウェルと仲が良かった妹のアデーレが兄に手紙を書くのを、ヨハンナは禁じたという。

石井氏は直接の指摘をさけているが、本編において至るところで批判される「淑女（Dame）」はヨハンナのことである。それは「母の愛の欠如が、ショーペンハウェルの思想を、先ず方向づけた」「彼は始源的な母性愛にすら恵まれなかった」からであろうか。むしろヨハンナの愛の裏切りにおいて、ショーペンハウェルは母への愛を失わざるをえなかったのではないか。ヨハンナの詩人たちを介した息子への気遣いは、われわれが見てきたとおりである。フォン・ゲルスターベルグさえいなければ、息子はオイデプスコンプレックスに悩まされることはなかった。

不貞と裏切り、虚偽、忘恩。その挙げ句に「究極において、女性は、全く、ただ種属の繁栄のためにのみ存在する」などというところまで、哲学者の筆はすべってしまう。もうこのあたりは、批評の対象にも値しない罵詈雑言である。少なくとも、「淑女（Dame）」には勤勉さのかけらも感じられないという意味では、ショーペンハウェルのヨハンナへの罵倒は、シラーやゲーテの女性観と通底するのかもしれない。

石井氏が触れているとおり、ワイマール時代のショーペンハウェルは、十歳年長のカロリーネ・ヤーゲマンという女優に失恋している。そのことが彼をして恋愛に懐疑的にさせたかどうかは、よくわからない。なぜならばイタリアにおいても、交際のあった身分の高い富裕な女性を「わたしの愛人」「わたしのダルシニア（ドン・キホーテのヒロイン）」と、のちに語っている。その愛人がじつはバイロンに首ったけで、ショーペンハウェルはゲーテからの手紙をバイロンに渡さないほど嫉妬している。バイロンはシェイクスピアについで、彼が尊敬していた詩人であるにもかかわらず――。

「結婚はおどろくべき急速度で、青年を老いさせると云う。妻ならばしのべもしようが、子供のいっぱい居る部屋は、考えてもぞっとする」（Die Stube voller Kidder）というのだ。

ドイツにもどってからも、ショーペンハウェルはメドンという女性と交際しているが、これも結婚には至らない。そのフランクフルト時代に、アメリー・ベルテという女流作家が「お近づきになりたい」と訪ねてきたが、手酷くことわっている。女流作家ベルテにヨハンナをかさね見たのは容易に想像がつく。

それでも七十一歳になった頃には、エリザベス・ネイという女流彫刻家が彼の像をとりたいとベルリンからやってきた時、喜んで自宅に泊めて饗応している。自分の娘のように接し、ふたりでマイン河畔を散策するなど、老いらくの恋とでもいうべき有様だが、もはや男女の愛は感じさせない。晩年に親しかったフラウエンステットに、こう書き送っている。「ネイは、わたしが出逢った娘のなかで、もっとも愛らしい女性だ」と。それは厭世哲学者の心の安寧がなせる、安らぎの愛ではなかっただろうか。

2019

おまけ対談　挿画と造本について

東海林ユキエさんと鍋を囲んで語る
訊き手　横山茂彦

――ショーペンハウェルの『女について』は、女性を敵に回したと評されるエッセイですが、お読みになって不快ではありませんでしたか。

東海林　愉快な文章ではありませんけど、たまらない不快感というほどのものはなかったです。活きのいい文章で、ボルテージの高さに誘われるように、挿画のイメージが浮んでしまった感じです。

――活きのいい文章というのは同感です。アルトゥル・ショーペンハウェルは、母親のヨハンナへのマザーコンプレックスがサロンの女性たちを蔑視する経緯であったとわたしは彼の来歴で読んでいます。じつは母親のヨハンナは才気あふれた女流人気作家で、アルトゥルの成功のために、ゲーテをはじめとする当代随一の文化人を自宅のサロンに招いている。のちに母子が不和になったのは、母親の新しい恋人をめぐる、息子の嫉妬だとわたしは思います。いらい、アルトゥル・ショーペンハウェルは何度も恋愛に失敗しながら、女性を蔑視した表現をするようになりますが、じつは裏返しの女性賛美とも受け取れる。東海林さんが不快と感じなかったのは、書き手の息づかいを感じているからではないかと思います。たぶん吹き出す感情に喘ぎながら、彼は陰画の女性賛美を語っている。

東海林　実はこの仕事を手伝ってくれた女子大生がこう言ったんです。
　最初は不快だったけれども、よく読むと「この人はすごく女の人が好きなんじゃないか？」と。彼女にはショーペンハウエルの詳しいプロフィールを話してはいなかったんで、驚いたのですが、確かにどうでもいいものになかなかこんなに熱くは語れないと思うんです。これは女性を賛美しているようにも読めるとおっしゃるご意見にはうなずけます。激しい言葉も女性賛美のうらがえしなのかな？

――じゃあ、東海林さんが不快に感じる男の振る舞いってどういったことでしょうか？

東海林　おりおり耳にしたりするたびに、嫌な感じがして言葉どおりに受け取れないことがあるとするなら、「女性活用とか、女性のためにとか女性目線で…」という言い回し・最近、やたら聞きますが違和感を感じることもすごく多いです。なんとなく不快。もちろん、意見を求めるのはかまわないんですが、逆に先回りで何かを封じられているように受け止められます。

――なるほど。ところで、どうしてシンデレラなんでしょうか。

東海林　う〜〜ん、まずは浮んでしまったんです。そして内容は脇においてもこれだけポテンシャルの高い文章には当たり前の挿絵ではなく何か強烈な寓話か物語でお相手しないとバランスが悪いような気がしたからです。違和感がありますか？

――いえ、おもしろいと感じました。シンデレラという女性像は、世界中にある隠れ美女ですよね。もともと美しい娘なのに、境遇に恵まれないまま灰まみれで暮らしていましたとさ。ある偶然が作用して幸福を射止めるわけですけど。考えてみたら不思議なお話です。

東海林　そうですね、シンデレラの人物像ってよく解らないです。だから様々な解釈が成り立つんでしょうが、継母とその連れ子である義姉たちに疎まれて、いじめられて暮らしてきた娘がなぜか魔女に出会って、舞踏会に行けることになる。そこで王子と出会って、ガラスの靴を忘れてしまう。それがわざとなのか、偶然なのかもよくわからない。そして偶然の連続で王子様と再会して、幸せになりました…

でも結局シンデレラは何がしたかったんでしょうね。このあまり意志の感じられない世界規模の不思議な「淑女」に、ショーペンハウェルの活きのよい文章を組み合わせてみたら、面白いものができるだろうと思ったんです。

――――舞踏会に行きたがる貴婦人たちは、まさにショーペンハウェルが批判し、見下している社交界の女性たちのアナロジーに見えますね。東海林さんが言われる「活きのよさ」はおそらく、正面から女性を讃えてこそいませんが、詠うように華麗な文章になっているからだと思います。他の彼のエッセイにくらべても、力のある文章です。

東海林　活きの良さには、理由があるわけですね。

――シンデレラの物語がショーペンハウェルの本文と逆に進行しているのが面白いですね。

東海林　読んでいくうちに気がつくか、気づかないまま最後まで読んで、こんどは折り返して絵を愉しんでもらえればと思います。勉強不足でこの本を作るために後から知ったのですが、ショーペンハウェルといえば、デカルトやカントとともに近代哲学の大家ですよね。旧制高等学校の学生のデカンショ節とか。哲学に興味がある人たちが、この本をどう読むのか楽しみです。まあ、ちょっと怖いけど。

――解説文の中に引用したシラーの詩と比較したらわかりますが、ショーペンハウェルの文章も女性賛美なんですよ、きっと。屈折したかたちでしか表現できないわけですけど。

東海林　それはわたしもそう思いました。でも、ひとりの女としては蔑視されるのは嫌ですが、変な賛美も困ります。すごいカロリー過多。

――今日の鍋はヘルシーですけどね。意見は分かれそうですが、栄養は豊富そう。それに、男と女の二項対立で語ること自体もう無理があると思うんです。わたしの中にも女性性「アニマ」があるし。

東海林　そうですね。そのグラデーションのなかで、人はその人として成り立っているわけですから、きっちり別けられないほうが自然だと思う。「ＬＧＢＴ」の方々もいらっしゃるし。

――女性ならきっと不快に思うに違いない、という決め付けもおかしいですね。

東海林　不快かどうかというのなら、男性のほうがどう読むか興味があります。よくぞ言ったショーペンハウエルとなるのか、後ろめたい感じで眺めるのか。それ以外の意表をつくご意見があるのか？　どうしてシンデレラなのかというところでも悩んでもらえたら嬉しいです。

――かつて、シンデレラ症候群という心理学分析がありました。アメリカの女流作家コレット・ダウリングが定義した、依存型のお姫様願望と言ったらいいでしょうか。あたしに王子様が迎えに来ないのは、親がその条件を与えてくれなかったからだと恨んで、自立への道を閉ざしてしまう。つまり自立できない女性なのです。ショーペンハウエルは、社交界で派手に振る舞う自立した女性を批判してるんですが、シンデレラのストーリーはショーペンハウエルの女性観をそのまま映したとも読める。ぎゃくに言えば、ショーペンハウエルはピーターパン症候群だったのかもしれない。大人になれなかった男の子が、母親に似せた貴婦人を批判している。理想はシンデレラだったとして、彼は舞踏会の王子にはたしてなりたかったのかな？

東海林　それは解らないな。まあ、わたしも足は大きいほうではないですがガラスの靴が履けたためしがないので。

――結果として、シンデレラというテーマはじつに本編にマッチしていると思います。ショーペンハウエルの本当の視線がどこにあったのか、そこは読者にまかせましょう。

カバー画、文中挿絵
東海林　ユキエ（しょうじ　ゆきえ）。

画家。1967年、三重県生まれ。

現在は主に秋田県にて絵画制作。その他、壁画制作、グラフィックデザイン、土木建築・景観デザインの仕事に従事。

幼少より一貫して取り組んでいる趣味は鳥の飼育。

敬愛する漫画家はあまたあれど畑中純。

訳者紹介
石井 立（いしい たつ）。
1923年、神奈川県出身。編集者、翻訳家。
1946年、京都帝大卒。訳書、ショーペンハウエル『女について』（角川文庫）、『自殺について』（同）、『幸福について』（同）など。1964年没（享年40歳）。

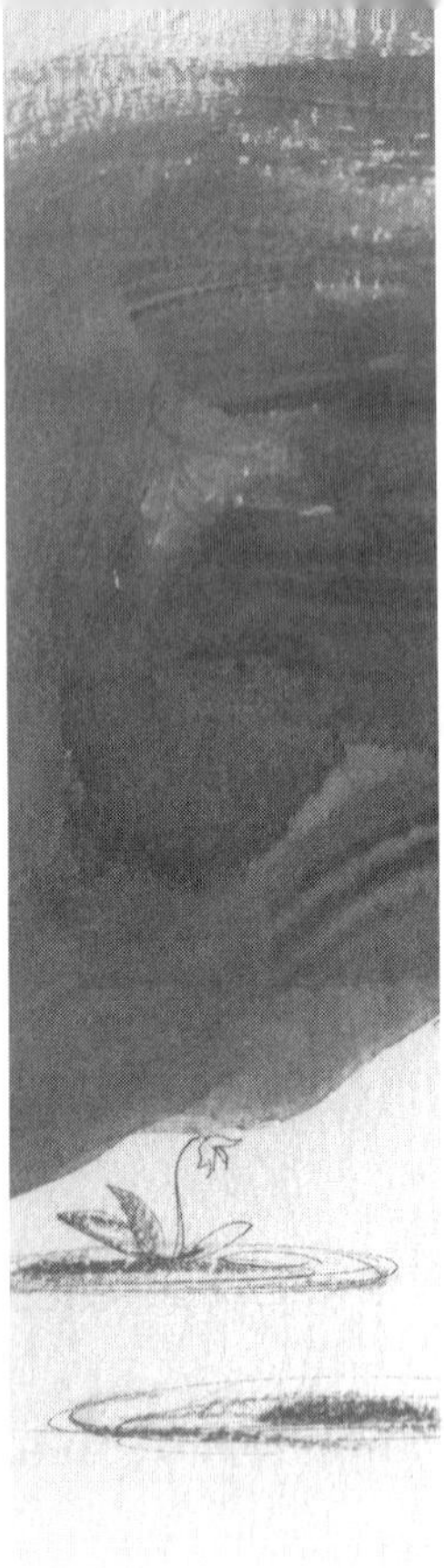

解説者紹介
横山 茂彦（よこやま しげひこ）。

1957年、北九州市出身。

著述業、編集者。

著書、『山口組と戦国大名』（サイゾー）『合戦場の女たち』（情況新書）『ガンになりにくい食生活』（鹿砦社ライブラリー）『日本史の新常識』（共著、文春新書）など。

訳書名　女について
著　者　ショーペンハウェル
訳　者　石井　立

２０１９年４月８日　第１版　第１刷発行

編集・発行人　極内寛人
組版・カバー画及びデザイン・文中挿画　東海林ユキエ

発行・発売　株式会社　明月堂書店
〒１６２−００５４東京都新宿区河田町３−15河田町ビル３F
電話　０３−５３６８−２３２７　FAX　０３−５９１９−２４４２

ISBN978-4-903145-65-5 C0010 Printed in Japan

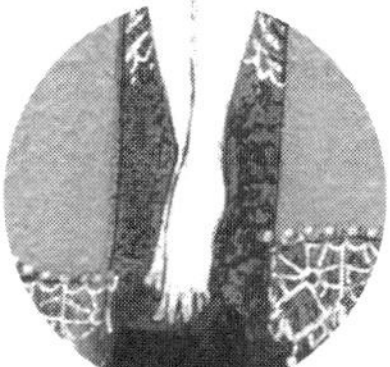

＊明月堂書店の本＊

好評既刊

完訳 カント政治哲学講義録

ハンナ・アーレント＝著／仲正昌樹＝訳

四六判／上製／３２０頁／本体価格３３００円＋税

アーレントによる〝カント政治哲学講義録〟を中心に編集されている本著は、１９５０～60年代にかけてアメリカの政治哲学をリードした彼女の晩年の思想を体系的に把握するための重要な手がかりを与えるテキストであると同時に、カントの著作の中で独特の位置をしめているとされる「判断力批判」に対する新しいアプローチの可能性を示唆するなど研究者必読の書と言っていいであろう。訳者、仲正昌樹渾身の解説が光る注目の一冊！

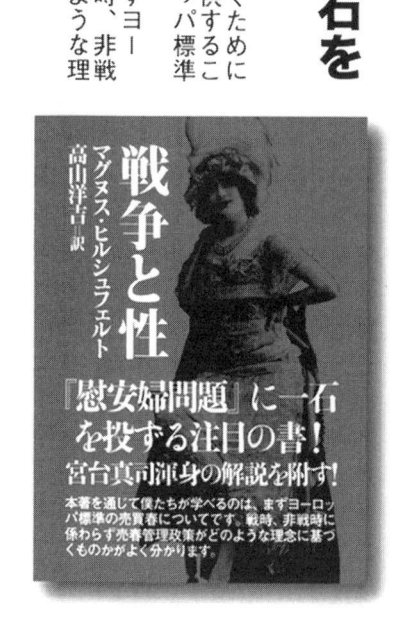

●本著は、石井　立訳『女について』（角川文庫、昭和二十七年一月三十日初版）に収録されている、ショーペンハウェルの幾つかのエッセーの中から、同著の表題にも使われている一遍「女について」と、同書収録の訳者解説からなっている（使用テキストは昭和三十年二月二十日版）。

●使用に際しては、既に初版以来かなりの年月が経過していることから、新しい読者に馴染みやすいように、旧漢字を現代表記に改めるとともに、新たな読み方の試みとして「シンデレラ物語」をモチーフにした挿画を随所に挿入したが（本著一〇九頁の対談参照）、それ以外は手を加えていない。

●昭和二十七年版『女について』は、昭和四十三年にやはり角川文庫の一冊として改訂版が出されている。

【編集部】